Der Handlungskompass

Von Frank Kralemann

Buchbeschreibung:

Sie kennen das? Große Pläne, gute Vorsätze, brillante Ideen und trotzdem kommen Sie nicht ins Tun? Dieses Buch ist anders als klassische Ratgeber zum Thema Prokrastination. Keine theoretischen Konzepte, keine komplexen Strategien, sondern ein praktischer Wegbegleiter, der Sie Schritt für Schritt aus dem Labyrinth des Aufschiebens führt.Der Autor begleitet Sie wie ein persönlicher Reiseleiter durch sieben entscheidende Etappen:

Die Kunst der kleinen Schritte

Das Zielbild vor Augen

Blockaden aufspüren und entschärfen

Die Macht der Entscheidungen

Der Weg zur Dranbleiben-Strategie

Fortschritt als Motivation

Von der Zielerreichung zur Zufriedenheit

Über den Autor:

Der Autor Frank Kralemann beschäftigt sich mit dem Thema Aufschieben und Ziele erreichen schon seit etlichen Jahren. Zu schreiben begonnen hat er 2006. Inspirationen holt er sich in der Natur. Frank Kralemann ist Vater und Großvater.

Der Handlungskompass

Aufschieben überwinden und Ziele erreichen

von Frank Kralemann

1. Auflage, 2024 Frank Kralemann

© 2024 Alle Rechte vorbehalten.

Verlag: BoD · Books on Demand GmbH,

In de Tarpen 42, 22848 Norderstedt

Druck: Libri Plureos GmbH,

Friedensallee 273, 22763 Hamburg

ISBN: 978-3-7693-0981-2

Inhaltsverzeichnis

Einleitung

Liebe Leserin, lieber Leser,

stellen Sie sich vor, Sie stehen vor einem Labyrinth. Es ist das Labyrinth Ihrer unerfüllten Ideen, Ihrer aufgeschobenen Träume und der Projekte, die Sie schon lange verwirklichen wollen. Sie kennen den Eingang gut – es ist der Moment, in dem Sie sich vornehmen, endlich loszulegen. Und Sie können in der Ferne das Ziel sehen, den Ausgang des Labyrinths, wo Ihre verwirklichte Vision auf Sie wartet. Aber dazwischen? Dazwischen liegen die verschlungenen Pfade der Zweifel, die Sackgassen der Prokrastination und die verwirrenden Kreuzungen der Entscheidungen.

Ich bin Ihr Reiseführer durch dieses Labyrinth. Nicht als jemand, der von oben herab den perfekten Weg kennt, sondern als erfahrener Wegbegleiter, der selbst schon viele Male durch ähnliche Labyrinthe gegangen ist und dabei wertvolle Navigationshilfen entdeckt hat.

Was dieses Buch anders macht

Dies ist kein theoretisches Werk über Prokrastination. Es ist kein Katalog von SMART-Zielen oder ein weiterer Ratgeber voller „Du musst nur..."-Formeln. Stattdessen ist es eine praktische Reiseroute mit konkreten Trittstellen - so konkret, dass Sie noch während des Lesens die ersten Schritte gehen können.

Wie Sie dieses Buch nutzen

Jedes Kapitel ist wie eine Etappe Ihrer Reise aufgebaut:

- Es beginnt mit einem sofort umsetzbaren Mikroschritt

- Führt Sie durch praktische Erfahrungen

- Endet mit einer konkreten Handlung, die Sie weiterbringt

Ein Beispiel aus der Praxis

Lassen Sie mich Ihnen von Martin erzählen. Martin träumte seit Jahren davon, ein eigenes Café zu eröffnen. Aber anstatt den ersten Schritt zu tun, sammelte er endlos Informationen, machte Pläne und verschob den Start immer wieder. Sein erster wirklicher Schritt war winzig: Er setzte sich für 15 Minuten in verschiedene Cafés seiner Stadt und machte sich Notizen über die Atmosphäre. Dieser kleine Schritt führte zu Gesprächen mit Café-Besitzern, zu ersten Konzeptskizzen und schließlich - Schritt für Schritt - zu seinem eigenen kleinen Café.

Martins Geschichte zeigt das Grundprinzip dieses Buches: Nicht große Pläne bringen uns ans Ziel, sondern kleine, konkrete Handlungen, die wir JETZT ausführen können.

Was Sie in diesem Buch finden werden:

- Sofort umsetzbare Mikroaktionen statt theoretischer Konzepte

- Praktische Erfahrungsberichte statt abstrakter Modelle

- Konkrete Handlungsschritte statt komplizierter Strategien

- Wöchentliche Mini-Challenges statt überwältigender Zielvorgaben

Was Sie NICHT finden werden:

- Komplizierte Theorien über Prokrastination

- Lange To-Do-Listen

- Perfekte Zeitmanagementsysteme

- Motivationssprüche ohne Handlungsanweisung

Dieses Buch ist ein Arbeitsbuch, Sie können und sollten hineinschreiben. Arbeiten Sie mit dem Buch und kommen Sie ins Tun. Dieses Buch begleitet Sie auf ihrer Reise zum Erfolg.

Ihre erste Mikroaktion - JETZT

Bevor Sie weiterlesen, führen Sie diese winzige Aktion aus:

Nehmen Sie sich einen Zettel und schreiben Sie auf:

„Der nächste mögliche Schritt für mein Projekt _____ ist _____."

Machen Sie diesen Schritt so klein, dass er Ihnen fast lächerlich erscheint.

Haben Sie den Zettel beschrieben? Herzlichen Glückwunsch - Sie haben gerade den ersten Schritt aus dem Labyrinth der Aufschieberitis getan.

Eine persönliche Note

Als Ihr Reisebegleiter durch dieses Buch verspreche ich Ihnen eines: Wir werden gemeinsam durch dieses Labyrinth gehen, Schritt für Schritt, Handlung für Handlung. Ich werde Ihnen keine theoretischen Konzepte präsentieren, sondern praktische Trittsteine zeigen, die Sie sofort nutzen können.

Die Reiseroute

In den nächsten Kapiteln werden wir:

1. Die Kunst der kleinen Schritte meistern
2. Ihr persönliches Zielbild lebendig machen
3. Blockaden schnell entschärfen
4. Entscheidungen vereinfachen
5. Ein System des Dranbleibens entwickeln
6. Fortschritte sichtbar machen
7. Erfolge in Zufriedenheit verwandeln

Sind Sie bereit für den nächsten Schritt? Dann blättern Sie um - aber nicht, ohne vorher Ihre erste Mikroaktion ausgeführt zu haben!

Die Kunst der kleinen Schritte

Ihre erste Mikroaktion für dieses Kapitel:

Stehen Sie auf und machen Sie genau EINEN Schritt in Richtung von etwas, das Sie schon lange tun wollen. Nur einen einzigen. Das könnte sein:

- Ein Buch vom Regal nehmen, das Sie lesen wollen

- Eine Sportmatte ausrollen

- Einen leeren Zettel auf den Tisch legen

Tun Sie es jetzt. Dieses Kapitel wartet auf Sie.

[Platz für Ihre Notiz: Welchen einen Schritt haben Sie gerade gemacht?]

Der Mythos vom großen Sprung

Wir alle kennen diese Momente: Wir sitzen da, voller Energie und Tatendrang, und malen uns aus, wie wir ab morgen jeden Tag zwei Stunden trainieren werden. Oder wie wir unser komplettes Haus entrümpeln. Oder wie wir endlich mit unserem Buchprojekt starten.

Und dann? Dann erschlägt uns die Größe unserer Pläne.

Lisa, eine Teilnehmerin meiner Workshops, beschrieb es so: „Ich hatte mir vorgenommen, mein Haus zu entrümpeln. Alles sollte raus. Ich sah mich schon in einer perfekt organisierten Wohnung leben. Aber als ich vor meinem überquellenden Kleiderschrank stand, war ich wie gelähmt. Wo sollte ich anfangen?"

Die Lösung kam in Form einer lächerlich kleinen Aktion: „Sortiere EINE Socke aus." Mehr nicht.

„Ich musste lachen", erzählte Lisa, „aber ich tat es. Und weil ich schon mal dabei war, wurde aus der einen Socke ein Sockenpaar. Aus dem Paar wurde eine kleine Schublade. Heute, drei Monate später, ist mein Kleiderschrank komplett organisiert. Nicht weil ich einen großen Plan hatte, sondern weil ich mit einer Socke anfing."

Das Prinzip der Mikroaktionen

Mikroaktionen sind so klein, dass:
- Sie fast lächerlich erscheinen
- Ihr Gehirn keinen Widerstand leistet
- Sie sie sofort ausführen können
- Sie keine Ausreden finden
- Sie keine besondere Motivation brauchen

Beispiele für Mikroaktionen:
- Eine Minute stretchen statt „ab morgen jeden Tag Sport"
- Einen Satz schreiben statt „das ganze Buch planen"

- Ein Foto sortieren statt „alle Fotos digitalisieren"

Praktische Übung: Ihre persönliche Mikroaktionen-Liste

Nehmen Sie sich jetzt 2 Minuten Zeit und erstellen Sie Ihre Liste:

Projekt/Ziel → Mikroaktion

[Platz für Ihre drei wichtigsten Projekte und die dazugehörigen Mikroaktionen]

Die Kraft der Kettenreaktion

Das Besondere an Mikroaktionen: Sie lösen oft eine natürliche Kettenreaktion aus.

Marcus, ein Programmierer, wollte eine App entwickeln. Sein erster Schritt: Eine leere Entwicklungsumgebung öffnen. Nur öffnen, nichts weiter.

„Aber als das leere Fenster da war", erzählt er, „tippte ich wie von selbst die erste Zeile Code. Aus der einen Zeile wurden zehn. Heute, sechs Monate später, ist die Beta-Version meiner App fast fertig."

Das Momentum-Prinzip

Kleine Aktionen erzeugen Momentum durch:
1. Sofortige Erfolgserlebnisse
2. Reduzierte Widerstände
3. Natürliche Fortsetzungsimpulse
4. Sichtbare Fortschritte

Ihre tägliche Mikroaktionen-Routine

Morgens:
- Wählen Sie EINE Mikroaktion für den Tag
- Machen Sie sie so klein, dass Sie schmunzeln müssen
- Führen Sie sie sofort aus

Abends:
- Notieren Sie, welche Kettenreaktionen sie ausgelöst hat
- Feiern Sie jeden noch so kleinen Fortschritt
- Wählen Sie die Mikroaktion für morgen

Mini-Challenge für diese Woche:
Jeden Tag EINE Mikroaktion ausführen und dokumentieren

Tag → Mikroaktion → Was daraus wurde

[Platz für Ihren 7-Tage-Tracker]

Häufige Stolpersteine und ihre Lösungen

1. „Die Aktion erscheint mir zu klein"
   → Perfekt! Je kleiner, desto besser.

2. „Ich verliere den Überblick über mein großes Ziel"
   → Das Ziel bleibt im Hinterkopf, der Fokus liegt auf der nächsten kleinen Aktion.

3. „Ich will mehr tun"
   → Erlaubt! Aber starten Sie immer mit der Mikroaktion.

Reflexionsfragen für heute:

1. Welche Mikroaktion haben Sie heute ausgeführt?

2. Wie haben Sie sich danach gefühlt?

3. Was war die kleinste Aktion, die eine positive Kettenreaktion auslöste?

[Platz für Ihre Reflexion]

Praxis-Tipp zum Abschluss:

Legen Sie jetzt einen „Mikroaktionen-Trigger"
fest - einen bestimmten Moment in Ihrem Tages-
ablauf, der Sie an Ihre nächste kleine Aktion
erinnert. Zum Beispiel:

- Der erste Kaffee am Morgen
- Das Öffnen des Laptops
- Das Nachhausekommen von der Arbeit

Ihr Trigger: _____

Ihre Aufgabe bis zum nächsten Kapitel:

1. Führen Sie JETZT eine weitere Mikroaktion
aus

2. Dokumentieren Sie die Kettenreaktion

3. Feiern Sie jeden kleinen Schritt

Im nächsten Kapitel lernen Sie, wie Sie aus
abstrakten Zielen lebendige, motivierende Visio-

nen entwickeln. Aber kommen Sie nicht in die Versuchung, gleich weiterzublättern - führen Sie erst Ihre nächste Mikroaktion aus!

[Platz für Ihre Mikroaktion zum Abschluss des Kapitels]

Das Zielbild vor Augen

Ihre erste Mikroaktion für dieses Kapitel:

Schließen Sie die Augen für 30 Sekunden und stellen Sie sich vor, wie Sie heute Abend eine kleine Handlung in Richtung Ihres Ziels ausführen. Nicht morgen, nicht nächste Woche - heute Abend. Was sehen Sie sich selbst tun?

[Platz für Ihre Notiz: Was haben Sie sich vorgestellt?]

Von vagen Wünschen zu lebendigen Bildern

„Ich wusste jahrelang, dass ich mich selbstständig machen wollte", erzählt Sandra, eine ehemalige Angestellte und heute erfolgreiche Fotografin. „Aber es blieb immer dieser nebulöse Wunsch: Irgendwann, irgendwie. Bis ich anfing, mir konkrete Bilder zu machen. Nicht von der fertigen Fotogalerie, sondern von mir selbst, wie ich heute Nachmittag meine erste Kamera auspacke. Von meinem ersten Fotoshooting im Park. Von dem Moment, wo ich mein erstes Foto bearbeite."

Der entscheidende Unterschied:

- Vager Wunsch: „Ich möchte selbstständig sein"

- Lebendiges Bild: „Ich sehe mich heute um 17 Uhr im Park, wie ich die ersten drei Testfotos mache"

Praktische Übung: Ihr Zielbild in Nahaufnahme

Nehmen Sie sich jetzt 3 Minuten Zeit und malen Sie Ihr Zielbild - nicht das große Endziel, sondern den nächsten sichtbaren Schritt:

1. Was genau sehen Sie sich tun?
   2. Wo befinden Sie sich dabei?
   3. Welche Gegenstände benutzen Sie?
   4. Wie fühlt sich der Moment an?
   5. Wer ist noch dabei?

[Platz für Ihre Beschreibung]

Die Kraft der Details

Thomas, ein angehender Autor, hatte jahrelang den Wunsch, ein Buch zu schreiben. „Aber erst als ich mir nicht mehr das fertige Buch vorstellte, sondern mich selbst an meinem Küchentisch, mit einer Tasse Kaffee und meinem roten Notizbuch, wie ich die erste Seite aufschlage - da wurde es real."

Mikrovisualisierung: Der Trick mit den 24 Stunden

Statt sich große Ziele in ferner Zukunft vorzustellen, konzentrieren wir uns auf die nächsten 24 Stunden:

Morgens:
- 2 Minuten die Augen schließen
- Sich selbst HEUTE in Aktion sehen
- Ein konkretes Detail fokussieren

Ihre Morgen-Visualisierung:

Zeit: _____

Ort: _____

Konkrete Handlung: _____

Ein wichtiges Detail: _____

Die emotionale Verbindung stärken

Praktische Übung: Der Emotions-Anker

1. Denken Sie an ein vergangenes Erfolgserlebnis

2. Spüren Sie das positive Gefühl

3. Machen Sie eine kleine Geste (z.B. Daumen und Zeigefinger zusammendrücken)

4. Verbinden Sie diese Geste mit Ihrem aktuellen Zielbild

[Platz für Ihre Notizen zum Emotions-Anker]

Mini-Challenge für diese Woche:

Jeden Morgen 2 Minuten Mikrovisualisierung

Tag → Visualisiertes Bild → Ausgeführte Handlung

[Platz für Ihren 7-Tage-Visualisierungs-Tracker]

Das Galerie-Prinzip

Statt eines großen Zielbildes erstellen Sie eine Galerie kleiner, erreichbarer Momente:

Heute: Sie öffnen eine neue Datei

Morgen: Sie schreiben den ersten Absatz

Übermorgen: Sie zeigen ihn einem Freund

Praktische Übung: Ihre persönliche Momentgalerie

Erstellen Sie jetzt 3 konkrete Bilder für die nächsten 3 Tage:

Tag 1: _____

Tag 2: _____

Tag 3: _____

[Platz für Details zu jedem Bild]

Der Realitäts-Check

Fragen Sie sich bei jedem Bild:

1. Kann ich es mir in allen Details vorstellen?
2. Ist es in den nächsten 24 Stunden machbar?
3. Habe ich alle benötigten Ressourcen?
4. Spüre ich eine emotionale Verbindung?

Häufige Stolpersteine und ihre Lösungen

1. „Meine Bilder sind zu vage"

→ Fügen Sie mehr sinnliche Details hinzu (Geräusche, Gerüche, Texturen)

2. „Ich sehe nur das große Endziel"

→ Zoomen Sie rein auf den nächsten Stunden-Block

3. „Die Bilder motivieren mich nicht"

→ Verbinden Sie sie mit positiven Erinnerungen

Ihre tägliche Visualisierungs-Routine

Morgens (2 Minuten):
- Zielbild für heute erstellen
- Details hinzufügen
- Emotion verankern

Abends (1 Minute):
- Vergleich Bild und Realität
- Anpassungen für morgen
- Kleinen Erfolg feiern

Reflexionsfragen für heute:

1. Welches Ihrer Zielbilder fühlt sich am realsten an?

   2. Welche Details machen den Unterschied?

   3. Welche Emotion verbinden Sie damit?

[Platz für Ihre Reflexion]

Praxis-Tipp zum Abschluss:

Erstellen Sie ein physisches Erinnerungsstück an Ihr Zielbild - etwas, das Sie sehen oder anfassen können:

- Ein Symbol auf Ihrem Schreibtisch
- Ein Bild an der Pinnwand
- Ein Gegenstand in Ihrer Tasche

Ihr   Erinnerungsstück:

_____

Ihre Aufgabe bis zum nächsten Kapitel:

1. Führen Sie JETZT Ihre visualisierte Handlung aus

2. Dokumentieren Sie den Unterschied zwischen Bild und Realität

3. Erstellen Sie Ihr Zielbild für morgen

Im nächsten Kapitel lernen Sie, wie Sie Blockaden schnell erkennen und noch schneller auflösen können. Aber erst nachdem Sie Ihr heutiges Zielbild in die Realität umgesetzt haben!

[Platz für Ihre Umsetzungsnotizen]

Blockaden aufspüren und entschärfen

Ihre erste Mikroaktion für dieses Kapitel:

Nehmen Sie einen Zettel und schreiben Sie den ersten negativen Gedanken auf, der Ihnen gerade durch den Kopf geht - egal ob er mit Ihrem Ziel zu tun hat oder nicht. Streichen Sie ihn sofort durch. Fertig.

[Platz für Ihren durchgestrichenen Gedanken]

Der Schnell-Entschärfungs-Ansatz

„Ich hatte jahrelang diese Stimme im Kopf, die sagte ‚Das schaffst du eh nicht'", erzählt Marcus, heute erfolgreicher App-Entwickler. „Bis ich lernte, diese Gedanken wie Spam-Mails zu behandeln - schnell erkennen, sofort löschen, weiter im Programm."

Das 3-Sekunden-Prinzip:

1. Sekunde: Negativen Gedanken erkennen
2. Sekunde: Durchstreichen (mental oder real)
3. Sekunde: Eine winzige Handlung ausführen

Beispiel:

Gedanke: „Ich bin zu unorganisiert dafür"

Handlung: EINEN Stift an seinen Platz legen

Praktische Übung: Ihre Schnell-Entschärfungs-Liste

Notieren Sie jetzt Ihre häufigsten Blockaden und die passende Sofort-Handlung:

Blockade → Sofort-Handlung

[Platz für Ihre drei häufigsten Blockaden]

Die Streichholz-Methode

Wie ein Streichholz kurz aufflammt und dann erlischt, so behandeln wir blockierende Gedanken:

- Kurz wahrnehmen
- Nicht bekämpfen
- Erlöschen lassen
- Weiterhandeln

Sarah, eine Künstlerin, nutzt dafür echte Streichhölzer: „Bei jedem ‚Das wird nichts', zünde ich ein Streichholz an, lasse es brennen und erlöschen. In der Zeit male ich einen Pinselstrich. Der Gedanke ist weg, die Leinwand hat Farbe."

Ihre persönliche Streichholz-Routine:

1. Wählen Sie Ihr Symbol für das „Erlöschen lassen"

2. Verbinden Sie es mit einer Mikrohandlung

3. Üben Sie es jetzt sofort

[Platz für Ihre Streichholz-Alternative]

Blockaden-Schnellkartei

Erstellen Sie jetzt Ihre persönliche Kartei:

Vorderseite: Blockierender Gedanke

Rückseite: Sofortige Mikrohandlung

Beispiele:

„Ich weiß nicht, wo ich anfangen soll" → Ein Blatt Papier in die Mitte des Tisches legen

„Dafür habe ich keine Zeit" → 2-Minuten-Timer stellen

„Das wird nie gut genug" → Einen einzigen Satz schreiben

[Platz für Ihre ersten drei Karteikarten]

Mini-Challenge für diese Woche:

Blockaden-Blitzableiter

Tag → Blockade → Soforthandlung → Ergebnis

[Platz für Ihren 7-Tage-Blockaden-Tracker]

Die STOP-START-Technik

Bei jeder Blockade:

STOP: Gedanken in einem Wort zusammenfassen

START: Eine Bewegung ausführen

Beispiel:

Blockade: „Das ist alles zu kompliziert"

STOP-Wort: „Kompliziert"

START-Bewegung: Aufstehen und einen Schritt gehen

Praktische Übung: Ihr persönlicher STOP-START-Code

Wählen Sie jetzt:

Ihr STOP-Wort: _____

Ihre START-Bewegung: _____

Das Momentum-Prinzip bei Blockaden

Statt Blockaden zu analysieren, schaffen wir sofort Bewegung:

- Eine Datei öffnen

- Einen Stift nehmen

- Einen Anruf tätigen

- Eine E-Mail öffnen

Ihre Momentum-Liste:

[Platz für 5 sofortige Bewegungsaktionen]

Häufige Blockaden und ihre Blitz-Lösungen

1. „Ich müsste eigentlich..."

   → „Ich mache jetzt..." (plus Mikrohandlung)

2. „Was werden andere denken?"

   → Eine Minute Timer stellen und handeln

3. „Das klappt sowieso nicht"

   → Einen winzigen Erfolg aus der Vergangenheit aufschreiben

Ihre Notfall-Strategien

Erstellen Sie jetzt Ihren Notfall-Plan:

   1. Erste Hilfe bei Zweifeln: _____

   2.   Sofort-Maßnahme   bei   Angst:

_____

3.   Blitzaktion   bei   Überforderung:

_____

[Platz für Details zu jeder Strategie]

Die 2-2-2-Regel bei Blockaden

2 Sekunden: Blockade erkennen

    2 Bewegungen: Sofort ausführen

    2 Minuten: Weitermachen

Ihre persönliche 2-2-2:

    [Platz für Ihre Version der Regel]

Reflexionsfragen für heute:

1. Welche Blockade haben Sie heute am schnellsten entschärft?

    2. Welche Soforthandlung hat am besten funktioniert?

    3. Was war Ihr erfolgreichster Blitzableiter?

[Platz für Ihre Reflexion]

Praxis-Tipp zum Abschluss:

Legen Sie jetzt Ihre „Entschärfungs-Ausrüstung" bereit:

- Ein Symbol für Neustart
- Ein Objekt für sofortige Handlung
- Einen Trigger für Bewegung

Ihre Ausrüstung: _____

Ihre Aufgabe bis zum nächsten Kapitel:

1. Entschärfen Sie JETZT eine aktuelle Blockade

2. Dokumentieren Sie Ihre schnellste Lösung

3. Erweitern Sie Ihre Blockaden-Schnellkartei

Im nächsten Kapitel lernen Sie, wie Sie Entscheidungen vereinfachen und schnell in die Umsetzung kommen. Aber erst, nachdem Sie eine aktuelle Blockade blitzschnell entschärft haben!

[Platz für Ihre Entschärfungs-Aktion]

Die Macht der Entscheidungen

Ihre erste Mikroaktion für dieses Kapitel:

Treffen Sie JETZT eine winzige Entscheidung für Ihr aktuelles Projekt - egal welche. Zum Beispiel:

- Die Farbe des Notizbuchs
- Die Uhrzeit für den ersten Schritt morgen
- Den Ort, wo Sie anfangen werden

[Platz für Ihre soeben getroffene Entscheidung]

Von der Lähmung zur Handlung

„Ich hatte 47 Tabs im Browser offen", erinnert sich Julia, heute erfolgreiche Online-Händlerin. „Alle mit verschiedenen Möglichkeiten, wie ich meinen Shop gestalten könnte. Bis ich verstand: Jeder offene Tab war eine ungetroffene Entscheidung. Ich schloss alle bis auf einen. An diesem Tag ging mein Shop online."

Das Prinzip der reduzierten Optionen:
  - Weniger Auswahl = schnellere Entscheidungen
  - Schnellere Entscheidungen = mehr Handlung
  - Mehr Handlung = bessere Ergebnisse

Praktische Übung: Optionen-Detox

Nehmen Sie sich jetzt 2 Minuten und:
  1. Zählen Sie die offenen Optionen in Ihrem aktuellen Projekt
  2. Streichen Sie alle bis auf drei durch

3. Wählen Sie EINE für den nächsten Schritt

[Platz für Ihre Optionen-Reduktion]

Die 1-2-3-Entscheidungsmethode

1. Eine Minute: Optionen aufschreiben
   2. Zwei Optionen auswählen
   3. Drei Sekunden entscheiden

Beispiel von Marc, Hobbyfotograf:
   1 Minute: Liste möglicher Fotoprojekte
   2 Optionen: Porträts oder Landschaften
   3 Sekunden: Entscheidung für Porträts

Ihre 1-2-3-Entscheidung jetzt:
   [Platz für Ihre Schnell-Entscheidung]

Mini-Challenge für diese Woche:
   Jeden Tag EINE bedeutsame Entscheidung in 3
Sekunden treffen

Tag → Entscheidung → Ergebnis

\--

\----------------------

[Platz für Ihren 7-Tage-Entscheidungs-Tracker]

Das Entweder-Oder-Prinzip

Statt „Wie könnte ich..." fragen wir:

„Option A oder Option B?"

Praktische Übung: Entweder-Oder-Matrix

Erstellen Sie jetzt für Ihr Projekt:

Bereich → Option A → Option B → Entscheidung

Format: ___ oder ___? → ___

Zeit: ___ oder ___? → ___

Ort: ___ oder ___? → ___

Die Entscheidungs-Anker-Technik

Treffen Sie Vorab-Entscheidungen für wiederkehrende Situationen:

- „Wenn unsicher, dann Option A"
- „Wenn in Eile, dann Variante B"
- „Bei Zweifel, dann kleinster Schritt"

Ihre Entscheidungs-Anker:

[Platz für drei persönliche Wenn-Dann-Entscheidungen]

Entscheidungs-Zeitfenster

Kleine Entscheidung: 3 Sekunden
Mittlere Entscheidung: 3 Minuten
Große Entscheidung: 3 Stunden

Nicht länger.

Ihre Zeitfenster-Planung:
Klein: _____
Mittel: _____
Groß: _____

Häufige Entscheidungsfallen und ihre Lösungen

1. „Aber was, wenn..."
   → „Jetzt entscheide ich, später optimiere ich"

2. „Ich brauche mehr Informationen"
   → „Mit dem aktuellen Wissen: A oder B?"

3. „Es könnte die falsche Entscheidung sein"
   → „Es gibt keine falschen Entscheidungen, nur neue Erkenntnisse"

Ihre Entscheidungs-Beschleuniger

Erstellen Sie jetzt drei persönliche Regeln:
   1. Wenn ich zögere, dann...
   2. Wenn ich zweifle, dann...
   3. Wenn ich schwanke, dann...

[Platz für Ihre Beschleuniger-Regeln]

Die Entscheidungs-Routine

Morgens:

- Drei wichtigste Entscheidungen identifizieren
- Zeitfenster zuordnen
- Erste sofort treffen

Abends:

- Getroffene Entscheidungen notieren
- Wirkung beobachten
- Morgen vorbereiten

Ihr Entscheidungs-Journal:

[Platz für Ihre täglichen Einträge]

Reflexionsfragen für heute:

1. Welche Entscheidung haben Sie heute am schnellsten getroffen?

2. Welche aufgeschobene Entscheidung können Sie jetzt in 3 Sekunden treffen?

3. Welche Vorab-Entscheidung würde Ihren Alltag erleichtern?

[Platz für Ihre Reflexion]

Praxis-Tipp zum Abschluss:

Schaffen Sie sich ein physisches Entscheidungs-Ritual:

- Eine Münze für Entweder-Oder
- Ein Timer für Zeitfenster
- Ein Symbol für schnelle Entscheidungen

Ihr Ritual: _____

Ihre Aufgabe bis zum nächsten Kapitel:

1. Treffen Sie JETZT eine aufgeschobene Entscheidung

2. Reduzieren Sie Ihre Optionen auf maximal drei

3. Legen Sie Ihre Entscheidungs-Anker fest

Im nächsten Kapitel lernen Sie, wie Sie ein System des Dranbleibens entwickeln. Aber erst, nachdem Sie Ihre nächste wichtige Entscheidung in 3 Sekunden getroffen haben!

[Platz für Ihre Sofort-Entscheidung]

Der Weg zur Dranbleiben-Strategie

Ihre erste Mikroaktion für dieses Kapitel:

Setzen Sie sich einen 2-Minuten-Timer und tun Sie JETZT etwas, das Sie eigentlich schon länger tun wollten. Nur 2 Minuten. Der Timer läuft...

[Platz für Ihre 2-Minuten-Aktion]

Das Geheimnis der Mini-Gewohnheiten

„Ich wollte immer ein Buch schreiben", erzählt Anna, inzwischen Autorin von drei Romanen. „Aber erst als ich mir erlaubte, täglich nur einen einzigen Satz zu schreiben - wirklich nur einen - begann ich tatsächlich zu schreiben. Aus dem einen Satz wurden oft Seiten. Aber an manchen Tagen war es auch nur dieser eine Satz. Und das war okay."

Das Minimalprinzip:
- Täglich eine winzige Aktion
- So klein, dass sie lächerlich erscheint
- Keine Ausnahmen, keine Ausreden

Ihre Mini-Gewohnheit:
Was ist die kleinste tägliche Aktion für Ihr Ziel?
[Platz für Ihre Minimal-Verpflichtung]

Die 2-Minuten-Regel

Jede neue Gewohnheit beginnt mit 2 Minuten:

- Nicht „Ich jogge eine Stunde" sondern „Ich ziehe Sportschuhe an"

- Nicht „Ich schreibe ein Kapitel" sondern „Ich öffne das Dokument"

- Nicht „Ich räume die Garage auf" sondern „Ich sortiere eine Schachtel"

Praktische Übung: Ihre 2-Minuten-Version

Nehmen Sie Ihre drei wichtigsten Ziele und reduzieren Sie sie auf 2-Minuten-Aktionen:

Ziel → 2-Minuten-Version

1.
2.
3.

Die Trigger-Technik

Verbinden Sie Ihre Mini-Gewohnheit mit einer bestehenden Routine:

- Nach dem ersten Kaffee...
- Bevor der Computer hochfährt...
- Nach dem Zähneputzen...

Ihre persönlichen Trigger:

[Platz für drei Trigger-Aktions-Verbindungen]

Mini-Challenge für diese Woche:

7 Tage, 7 Trigger, 7 Erfolge

Tag → Trigger → Mini-Aktion → Ergebnis

[Platz für Ihren 7-Tage-Trigger-Tracker]

Das Momentum-Konto

Wie ein Sparkonto wächst Ihre Gewohnheit durch kleine, regelmäßige Einzahlungen:
- Jede Mini-Aktion ist eine Einzahlung
- Regelmäßigkeit ist wichtiger als Größe
- Der Zinseszins-Effekt tritt durch Wiederholung ein

Ihr Momentum-Tracker:

[Platz für Ihre täglichen „Einzahlungen"]

Die Rückfall-Prophylaxe

Der „Wieder-Einstiegs-Punkt":
- So klein, dass er garantiert machbar ist
- Jederzeit aktivierbar
- Ohne Voraussetzungen startbar

Ihre Notfall-Strategie:

1. Kleinster möglicher Neustart:

_____

2. Garantierter Einstiegspunkt:

_____

3. Sofortige Minimal-Aktion: _____

Das Belohnungssystem

Direkte Mini-Belohnungen für Mini-Aktionen:

- Ein Häkchen im Tracker
- Ein Moment des Stolzes
- Eine kleine Freude

Ihre Belohnungs-Liste:

[Platz für fünf sofortige Mini-Belohnungen]

Die Fortschritts-Visualisierung

Erstellen Sie Ihr persönliches Fortschritts-Symbol:

- Ein Kreis zum Ausfüllen

- Eine Treppe zum Hochsteigen

- Ein Weg zum Markieren

[Platz für Ihr Fortschritts-Symbol]

Häufige Dranbleiben-Fallen und ihre Lösungen

1. „Heute ist eine Ausnahme"

→ „Gerade heute mache ich meine Mini-Aktion"

2. „Ich habe keine Zeit"

   → „Zwei Minuten habe ich immer"

3. „Ich bin nicht in Stimmung"

   → „Gefühle folgen dem Handeln"

Ihre persönlichen Lösungs-Anker:

   [Platz für drei Wenn-Dann-Pläne]

Die Energie-Balance

Entwerfen Sie Ihr Energie-Management:

-    Beste   Zeit   für   Mini-Aktionen:

_____

  - Energie-Minimum für Start: _____

  - Notfall-Energiespender: _____

Das Support-System

Bauen Sie Ihr Unterstützungsnetz:

   1. Ein stiller Zeuge: _____

2.   Ein   Accountability-Partner:

_____

3. Ein Erfolgs-Ritual: _____

Reflexionsfragen für heute:

1. Welche Mini-Gewohnheit war heute am einfachsten?
   2. Welcher Trigger hat am besten funktioniert?
   3. Was war Ihre kleinste erfolgreiche Aktion?

[Platz für Ihre Reflexion]

Praxis-Tipp zum Abschluss:
   Erstellen Sie Ihre „Dranbleiben-Toolbox":
   - Ein Trigger-Objekt
   - Ein Fortschritts-Tracker
   - Ein Belohnungs-Symbol

Ihre Toolbox: _____

Ihre Aufgabe bis zum nächsten Kapitel:

1. Starten Sie JETZT Ihre erste Mini-Gewohnheit

2. Verbinden Sie sie mit einem bestehenden Trigger

3. Tracken Sie Ihren Erfolg

Im nächsten Kapitel lernen Sie, wie Sie Ihre Fortschritte sichtbar machen und daraus neue Motivation schöpfen. Aber erst, nachdem Sie Ihre erste Mini-Gewohnheit etabliert haben!

[Platz für Ihren Mini-Gewohnheits-Start]

Fortschritt als Motivation

Ihre erste Mikroaktion für dieses Kapitel:

Schreiben Sie JETZT eine Sache auf, die Sie heute bereits geschafft haben - egal wie klein. Markieren Sie sie mit einem großen Häkchen.

[Platz für Ihren ersten Erfolg heute]

Die Kraft der sichtbaren Fortschritte

„Ich hatte einen Durchbruch", erzählt Michael, heute erfolgreicher Programmierer, „als ich aufhörte, auf das zu schauen, was noch fehlte, und anfing, jeden geschriebenen Code-Block als Erfolg zu feiern. Ich klebte Post-its an meinen Monitor, eines für jede fertige Funktion. Nach einer Woche war der Monitor voll - und ich hoch-motiviert."

Das Sichtbarkeits-Prinzip:
- Jeder Fortschritt wird dokumentiert
- Kleine Erfolge werden groß gefeiert
- Fortschritte werden physisch sichtbar gemacht

Praktische Übung: Ihr Erfolgs-Radar

Erstellen Sie jetzt Ihre Erfolgs-Dokumentation für heute:
1. Morgen: _____
2. Vormittag: _____
3. Mittag: _____
4. Nachmittag: _____
5. Abend: _____

Die 5-Minuten-Erfolgsjournal-Methode

Morgens: Was will ich heute erreichen?

- Ein konkretes Ziel
- Eine sichtbare Aktion
- Ein messbarer Erfolg

Abends: Was habe ich geschafft?
- Drei kleine Erfolge
- Ein unerwarteter Fortschritt
- Eine Lernerfahrung

[Platz für Ihr heutiges Erfolgsjournal]

Mini-Challenge für diese Woche:
Der Erfolgs-Sammler

Tag → Kleiner Erfolg → Sichtbares Zeichen

[Platz für Ihren 7-Tage-Erfolgs-Tracker]

Die Fortschritts-Visualization

Entwickeln Sie Ihr persönliches Fortschritts-Symbol:
- Eine wachsende Pflanze
- Eine Treppe nach oben
- Ein sich füllendes Gefäß

Zeichnen Sie es jetzt:
[Platz für Ihr Fortschritts-Symbol]

Das Erfolgs-Ritual

Schaffen Sie ein tägliches Erfolgserlebnis:
1. Fester Zeitpunkt: _____
2. Physische Handlung: _____
3. Sichtbares Symbol: _____

Ihre Ritual-Beschreibung:

[Platz für die Details Ihres Erfolgs-Rituals]

Die Fortschritts-Galerie

Erstellen Sie Ihre persönliche Erfolgs-Ausstellung:
- Fotos von fertigen Teilschritten
- Screenshots von Zwischenständen
- Physische Beweise des Fortschritts

Ihr Ausstellungskonzept:

[Platz für Ihre Galerie-Planung]

Häufige Motivationsfallen und ihre Lösungen

1. „Ich sehe keinen Fortschritt"

→ Zoomen Sie näher ran: Was hat sich in den letzten 2 Stunden verändert?

2. „Der Fortschritt ist zu langsam"

→ Messen Sie in kleineren Einheiten

3. „Andere sind schneller"
→ Fokussieren Sie auf Ihren persönlichen Fort-
schritts-Film

Die Erfolgs-Lupe

Trainieren Sie den Blick für kleine Fortschritte:
- Was hat sich verbessert?
- Was ist leichter geworden?
- Was klappt schon besser?

Ihr Fortschritts-Tagebuch:
[Platz für tägliche Mikro-Erfolge]

Der Motivations-Anker

Verbinden Sie jeden Fortschritt mit:
1. Einem physischen Zeichen
2. Einer emotionalen Reaktion
3. Einer kleinen Belohnung

Ihre Anker-Kombination:

[Platz für Ihre persönliche Anker-Strategie]

Reflexionsfragen für heute:

1. Welcher Fortschritt hat Sie heute am meisten überrascht?

2. Welches sichtbare Zeichen motiviert Sie am stärksten?

3. Welcher kleine Erfolg verdient mehr Aufmerksamkeit?

[Platz für Ihre Reflexion]

Praxis-Tipp zum Abschluss:
Erstellen Sie Ihr „Erfolgs-Cockpit":
- Ein Fortschritts-Diagramm
- Eine Erfolgs-Checkliste
- Ein Belohnungs-System

Ihr Cockpit-Design:

[Platz für Ihr persönliches Erfolgs-Tracking]

Das Momentum-Prinzip

Bauen Sie Erfolgsketten:

1. Ein Erfolg führt zum nächsten
2. Jeder Schritt wird dokumentiert
3. Die Kette wird sichtbar gemacht

Ihre Erfolgskette:

[Platz für Ihre erste Erfolgskette]

Ihre Aufgabe bis zum nächsten Kapitel:

1. Dokumentieren Sie JETZT einen aktuellen Fortschritt
2. Machen Sie ihn physisch sichtbar
3. Feiern Sie ihn bewusst

Im letzten Kapitel lernen Sie, wie Sie aus erreichten Zielen nachhaltige Zufriedenheit entwickeln. Aber erst, nachdem Sie Ihren aktuellen Fortschritt gewürdigt haben!

[Platz für Ihre Fortschritts-Dokumentation]

Von der Zielerreichung zur Zufriedenheit

Ihre erste Mikroaktion für dieses Kapitel:

Schließen Sie die Augen und spüren Sie für 30 Sekunden nach: Worauf sind Sie in diesem

Moment ein klein wenig stolz? Öffnen Sie die Augen und notieren Sie es.

[Platz für Ihren aktuellen Stolz-Moment]

Die Kunst der Zufriedenheits-Pausen

„Ich rannte jahrelang von Ziel zu Ziel", erzählt Sarah, heute erfolgreiche Unternehmerin. „Bis ich lernte, innezuhalten und zu genießen, was ich bereits erreicht hatte. Diese Pausen wurden zu meiner wichtigsten Energiequelle für neue Projekte."

Das Innehalten-Prinzip:
- Bewusste Pausen nach Erfolgen
- Momente des Genießens

- Aktives Wahrnehmen des Erreichten

Praktische Übung: Ihre Zufriedenheits-Momente

Erstellen Sie jetzt Ihre persönliche Erfolgs-Inventur:

1. Heute erreicht: _____

2. Diese Woche geschafft: _____

3. Diesen Monat entwickelt: _____

Die 3-3-3-Methode der Zufriedenheit

3 Minuten: Was habe ich erreicht?

3 Atemzüge: Wie fühlt sich das an?

3 Worte: Wie beschreibe ich meinen Erfolg?

[Platz für Ihre 3-3-3-Übung]

Mini-Challenge für diese Woche:

Der Zufriedenheits-Sammler

Tag → Erfolgsmoment → Gefühl → Dankbarkeit

[Platz für Ihren 7-Tage-Zufriedenheits-Tracker]

Das Ernte-Prinzip

Wie ein Gärtner seine Früchte erntet, so sammeln
wir unsere Erfolge:
- Sorgfältig auswählen
- Bewusst wahrnehmen
- Dankbar annehmen

Ihr Ernte-Korb:

[Platz für Ihre gesammelten Erfolge]

Das Zufriedenheits-Ritual

Entwickeln Sie Ihr tägliches Ritual:
1. Zeit: Ein fester Moment am Tag
2. Ort: Ein besonderer Platz
3. Handlung: Eine symbolische Geste

Ihre Ritual-Beschreibung:

[Platz für die Details Ihres Zufriedenheits-Rituals]

Die Erfolgs-Anker

Schaffen Sie physische Erinnerungen an Ihre Erfolge:
- Ein besonderer Gegenstand
- Ein Symbol des Gelingens
- Ein persönliches Erfolgszeichen

Ihr Erfolgs-Anker:

[Platz für Ihre Anker-Beschreibung]

Häufige Zufriedenheits-Blockaden und ihre Lösungen

1. „Es ist nie genug"

→ „Heute feiere ich diesen einen Schritt"

2. „Andere haben mehr erreicht"

→ „Ich gehe meinen eigenen Weg"

3. „Das war doch selbstverständlich"
   → „Jeder Erfolg verdient Anerkennung"

Die Dankbarkeits-Praxis

Tägliche Mini-Rituale der Wertschätzung:
- Morgens: Eine Erwartung
- Mittags: Ein Gelingen
- Abends: Eine Dankbarkeit

Ihr Dankbarkeits-Journal:
[Platz für Ihre täglichen Einträge]

Das Weitergebens-Prinzip

Teilen Sie Ihre Erfolge:
1. Mit einem Vertrauten: _____
2. In einer konkreten Form: _____
3. Mit einer persönlichen Note: _____

Ihre Sharing-Strategie:

[Platz für Ihre Art des Teilens]

Reflexionsfragen für heute:

1. Welcher Erfolg macht Sie gerade jetzt zufrieden?

2. Welches Gefühl möchten Sie öfter spüren?

3. Wem möchten Sie für Unterstützung danken?

[Platz für Ihre Reflexion]

Die Zukunfts-Brücke

Verbinden Sie Ihre Zufriedenheit mit neuen Zielen:

1. Was gibt mir das Erreichte?

2. Welche Fähigkeiten habe ich entwickelt?

3. Was möchte ich als Nächstes angehen?

Ihr Brücken-Design:

[Platz für Ihre Zukunfts-Verbindung]

Das Vermächtnis-Prinzip

Machen Sie Ihre Erfolge bedeutsam:

- Welchen Unterschied haben Sie gemacht?
- Wem haben Sie geholfen?
- Was bleibt von Ihrem Tun?

Ihre Vermächtnis-Notizen:

[Platz für Ihre bleibenden Spuren]

Ihre finalen Aufgaben:

1. Feiern Sie JETZT einen Erfolg
2. Teilen Sie ihn mit jemandem
3. Planen Sie Ihre nächste Zufriedenheits-Pause

Schlusswort: Der Kreislauf des Gelingens

Liebe Leserin, lieber Leser,

Sie haben in diesem Buch gelernt, wie Sie vom Denken ins Handeln kommen. Sie haben kleine Schritte gemacht, Blockaden überwunden und Erfolge gefeiert. Aber das Wichtigste ist: Sie haben erfahren, dass jeder Erfolg, und sei er noch so klein, ein Moment der Zufriedenheit sein kann.

Nutzen Sie diese Zufriedenheit als Kraftquelle für Ihre nächsten Schritte. Denn genau das ist der Kreislauf des Gelingens:
- Handeln führt zu Erfolgen
- Erfolge schaffen Zufriedenheit
- Zufriedenheit gibt Kraft für neue Taten

Ihre persönliche Erfolgsgeschichte beginnt jetzt - mit dem nächsten kleinen Schritt und dem Moment der Zufriedenheit, der darauf folgt.

[Platz für Ihre erste Seite in Ihrer neuen Erfolgsgeschichte]

Von der Idee zur Tat: Wege aus dem Labyrinth
der Aufschieberitis

Eine praktische Zusammenfassung

Ihre letzte Mikroaktion:

Nehmen Sie sich einen Moment Zeit und markieren Sie auf dieser Zusammenfassung die drei Werkzeuge, die Sie ab sofort in Ihren Alltag integrieren möchten.

Die Kernprinzipien des Buches

1. Die Kunst der kleinen Schritte
   - Mikroaktionen als Startpunkt
   - Lächerlich kleine erste Schritte
   - Die Kraft der Kettenreaktion

   Ihr wichtigstes Werkzeug: Die 2-Minuten-Regel

2. Das Zielbild vor Augen
   - Konkrete, erreichbare Tagesbilder

- Emotionale Verbindung zu Zielen
- Die 24-Stunden-Perspektive

Ihr wichtigstes Werkzeug: Die Momentgalerie

3. Blockaden aufspüren und entschärfen
   - Das 3-Sekunden-Prinzip
   - Die Streichholz-Methode
   - Sofortige Mikrohandlungen

Ihr wichtigstes Werkzeug: Die Blockaden-Schnellkartei

4. Die Macht der Entscheidungen
   - Reduzierte Optionen
   - Die 1-2-3-Entscheidungsmethode
   - Klare Zeitfenster

Ihr wichtigstes Werkzeug: Die Entweder-Oder-Matrix

5. Der Weg zur Dranbleiben-Strategie
   - Mini-Gewohnheiten
   - Trigger-Technik
   - Das Momentum-Konto

Ihr wichtigstes Werkzeug: Der Trigger-Tracker

6. Fortschritt als Motivation
   - Sichtbare Erfolge
   - Die 5-Minuten-Journal-Methode
   - Die Fortschritts-Galerie
   Ihr wichtigstes Werkzeug: Das Erfolgs-Cockpit

7. Von der Zielerreichung zur Zufriedenheit
   - Zufriedenheits-Pausen
   - Das Ernte-Prinzip
   - Die 3-3-3-Methode
   Ihr wichtigstes Werkzeug: Der Zufriedenheits-Sammler

Ihre persönliche Werkzeugkiste

Für den Start:
   ☐ Die Mikroaktionen-Liste
   ☐ Der 2-Minuten-Timer
   ☐ Die Trigger-Karten

Für unterwegs:

☐ Die Blockaden-Schnellkartei

☐ Der Entscheidungs-Anker

☐ Das Mini-Erfolgsjournal

Für den Abend:

☐ Der Fortschritts-Tracker

☐ Das Zufriedenheits-Ritual

☐ Die Ernte-Momente

Die wichtigsten Praxis-Prinzipien

1. Sofortiges Handeln

- Keine Vorbereitung nötig

- Winzige erste Schritte

- Unmittelbare Umsetzung

2. Sichtbare Fortschritte

- Physische Zeichen

- Dokumentierte Erfolge

- Greifbare Beweise

3. Emotionale Verbindung

- Gefühlte Erfolge

- Persönliche Bedeutung

- Authentische Freude

Ihr persönlicher Aktionsplan

Täglich:

- Eine Mikroaktion ausführen

- Einen Erfolg dokumentieren

- Eine Zufriedenheits-Pause einlegen

Wöchentlich:

- Fortschritte sammeln

- Strategien anpassen

- Erfolge feiern

Monatlich:

- Größere Erfolge ernten

- Neue Ziele visualisieren

- Zufriedenheit vertiefen

Ihre nächsten Schritte

Heute:

1. Eine Mikroaktion wählen
2. Einen Trigger festlegen
3. Den ersten Schritt tun

Diese Woche:

1. Drei Werkzeuge aktivieren
2. Eine Mini-Gewohnheit etablieren
3. Erste Erfolge sammeln

Dieser Monat:

1. System aufbauen
2. Routinen festigen
3. Zufriedenheit kultivieren

Häufige Herausforderungen und ihre Lösungen

Wenn Sie ins Stocken geraten:

→ Noch kleinere Schritte wählen

Wenn die Motivation nachlässt:

→ Erfolge sichtbar machen

Wenn Zweifel aufkommen:

→ Sofort eine Mikrohandlung ausführen

Der Kreislauf des Gelingens

Handeln → Erfolg → Zufriedenheit → neue Kraft → Handeln

Ihre persönliche Erfolgsformel:

[Platz für Ihre drei wichtigsten Erkenntnisse]

Weiterführende Ressourcen

Bücher:

- „Atomic Habits" von James Clear
- „The Power of Habit" von Charles Duhigg
- „Tiny Habits" von BJ Fogg

Ihr persönliches Erfolgsversprechen:

[Platz für Ihr Commitment]

Remember:

Der wichtigste Schritt ist immer der nächste kleine Schritt - und den können Sie JETZT tun.

Wie Sie dieses Buch optimal nutzen

Ein praktischer Leitfaden für Ihren Erfolg

Ihre Sofort-Aktion:

Nehmen Sie sich einen Moment Zeit und markieren Sie auf dieser Übersicht den Bereich, mit dem Sie JETZT beginnen möchten.

Verschiedene Wege durch das Buch

1. Der chronologische Weg
   - Kapitel für Kapitel durcharbeiten
   - Jede Übung der Reihe nach ausführen
   - Systematisch Werkzeuge aufbauen
   Ideal für: Strukturierte Persönlichkeiten

2. Der Problembezogene Weg
   Springen Sie direkt zu:
   - Kapitel 1: Bei Startschwierigkeiten
   - Kapitel 2: Bei unklaren Zielen
   - Kapitel 3: Bei inneren Blockaden
   - Kapitel 4: Bei Entscheidungsschwierigkeiten
   - Kapitel 5: Bei Durchhalteproblemen
   - Kapitel 6: Bei Motivationsmangel
   - Kapitel 7: Bei fehlendem Erfolgsgefühl
   Ideal für: Akute Herausforderungen

3. Der Werkzeug-Weg

Wählen Sie direkt Ihre Tools:

☐ Mikroaktionen-Liste

☐ Zielbild-Galerie

☐ Blockaden-Schnellkartei

☐ Entscheidungs-Matrix

☐ Trigger-System

☐ Erfolgs-Cockpit

☐ Zufriedenheits-Ritual

Ideal für: Pragmatische Anwender

Praktische Arbeitshilfen

Die 10-Minuten-Routine:

1. Minute: Tageszielbild visualisieren

2.-3. Minute: Mikroaktion ausführen

4.-5. Minute: Fortschritt dokumentieren

6.-7. Minute: Blockade entschärfen

8.-9. Minute: Erfolg feiern

10. Minute: Nächsten Schritt planen

Ihr persönliches Erfolgs-Kit

Grundausstattung:
- ☐ Ein Notizbuch für Tracking
- ☐ Post-its für Trigger
- ☐ Timer für Mikroaktionen
- ☐ Marker für Erfolge

Digitale Ergänzung:
- ☐ Handy-Timer
- ☐ Foto-Dokumentation
- ☐ Digital Habit Tracker
- ☐ Erfolgs-Album

Physische Anker:
- ☐ Ein Symbol für Neustart
- ☐ Ein Objekt für Erfolge
- ☐ Ein Zeichen für Zufriedenheit

Schnell-Zugriff auf Werkzeuge

Für akute Blockaden:

1. Die 3-Sekunden-Intervention
2. Die Mikroaktions-Karte
3. Der Sofort-Trigger

Bei Motivationsverlust:

1. Das Erfolgs-Tagebuch
2. Die Fortschritts-Galerie
3. Die Zufriedenheits-Pause

Für Durchhalte-Kraft:

1. Der Trigger-Tracker
2. Das Momentum-Konto
3. Die Mini-Gewohnheit

So bleiben Sie dran

Tägliche Check-ins:

☐ Morgens: Zielbild aktivieren

☐ Mittags: Fortschritt prüfen

☐ Abends: Erfolge ernten

Wöchentliche Reviews:

☐ Werkzeuge überprüfen

☐ Strategien anpassen

☐ Erfolge sammeln

Monatliche Auswertung:

☐ Muster erkennen

☐ Systeme optimieren

☐ Neue Ziele setzen

Troubleshooting-Guide

Wenn nichts vorwärts geht:

1. Noch kleinere Schritte

2. Mehr sichtbare Erfolge

3. Zusätzliche Trigger

Bei Rückschlägen:

1. Sofort-Neustart aktivieren

2. Mini-Erfolg schaffen

3. System überprüfen

Bei Zweifeln:
1. Erfolgs-Galerie ansehen
2. Mikroaktion ausführen
3. Zufriedenheit spüren

Ihre persönliche Erfolgsformel entwickeln

Schritt 1: Beobachten
- Was funktioniert besonders gut?
- Welche Werkzeuge nutzen Sie gern?
- Wann haben Sie die besten Erfolge?

Schritt 2: Optimieren
- Erfolgreiche Strategien ausbauen
- Schwierige Werkzeuge anpassen
- Neue Kombinationen testen

Schritt 3: Etablieren
- Routine entwickeln
- System verfeinern

- Erfolge verankern

[Platz für Ihre persönliche Erfolgsformel]

Quick-Start-Guide

Jetzt sofort:
1. Eine Mikroaktion wählen
2. Einen Trigger festlegen
3. Ersten Schritt tun

In der nächsten Stunde:
1. Erfolgs-Kit zusammenstellen
2. Ersten Fortschritt dokumentieren
3. Erste Zufriedenheit spüren

Heute noch:
1. Tages-Routine planen
2. Werkzeuge bereitlegen
3. System aktivieren

Ihr persönlicher Erfolgsvertrag

Ich, [Ihr Name], verpflichte mich:

1. Täglich eine Mikroaktion auszuführen
2. Meine Erfolge sichtbar zu machen
3. Zufriedenheit zu kultivieren

Datum: _____

Unterschrift: _____

Erinnern Sie sich:

Der beste Weg durch dieses Buch ist Ihr persönlicher Weg - und er beginnt mit Ihrer nächsten kleinen Handlung.